KB092396

나도 영문 손글씨 잘 쓰면
소원이 없겠네

나도 영문 손글씨 잘 쓰면 소원이 없겠네

: 알파벳 쓰기부터 캘리그라피까지 초보자를 위한 4주 클래스

초판 발행 2021년 11월 5일

지은이 윤정희 / **펴낸이** 김태헌
총괄 임규근 / **책임편집** 권형숙 / **기획·편집** 윤채선 / **디자인** 어나더페이퍼 / **교정교열** 박정수
영업 문윤식, 조유미 / **마케팅** 신우섭, 손희정, 박수미 / **제작** 박성우, 김정우

펴낸곳 한빛라이프 / **주소** 서울시 서대문구 연희로 2길 62
전화 02-336-7129 / **팩스** 02-325-6300
등록 2013년 11월 14일 제25100-2017-000059호 / **ISBN** 979-11-90846-25-7 14640 / 979-11-88007-07-3(세트)

한빛라이프는 한빛미디어(주)의 실용 브랜드로 우리의 일상을 환히 비추는 책을 펴냅니다.

이 책에 대한 의견이나 오탈자 및 잘못된 내용에 대한 수정 정보는 한빛미디어(주)의 홈페이지나 아래 이메일로
알려 주십시오. 잘못된 책은 구입하신 서점에서 교환해 드립니다. 책값은 뒤표지에 표시되어 있습니다.
한빛미디어 홈페이지 www.hanbit.co.kr / 이메일 ask_life@hanbit.co.kr
한빛라이프 페이스북 facebook.com/goodtipstoknow / 포스트 post.naver.com/hanbitstory

지금 하지 않으면 할 수 없는 일이 있습니다.
책으로 펴내고 싶은 아이디어나 원고를 메일(writer@hanbit.co.kr)로 보내 주세요.
한빛라이프는 여러분의 소중한 경험과 지식을 기다리고 있습니다.

알파벳 쓰기부터 캘리그라피까지
초보자를 위한 4주 클래스

나도 영문 손글씨 잘 쓰면
소원이 없겠네

윤정희(리제 캘리그라피) 지음

Ⅱ3 한빛라이프

저는 캘리그라피 작가로 활동하기 전에는 편집디자이너로 일했습니다. 그러다 보니 캘리그라피를 접할 일이 많아 글씨를 배워보고 싶다는 생각을 했습니다. 영문 캘리그라피를 배워보고 싶었지만 여건이 되지 않아 한글 캘리그라피를 먼저 배우기 시작했습니다. 어떤 일이나 취미를 배울 때 끈기가 부족하고 싫증을 잘 느끼기 때문에 글씨도 가볍게 즐기다 말 거라 생각했지만 이번에는 달랐습니다. 글씨를 쓰는 것이 너무 좋았습니다. 늦은 나이에 좋아하는 일을 찾았다는 데 행복을 느끼며 열심히 글씨를 썼습니다.

직장을 그만두고 본격적으로 글씨를 쓰며 강의나 외주 작업을 이어나가는 동안 종종 영문 글씨를 요청받을 때가 있었습니다. 사람들은 으레 한글을 쓰니 영문도 잘 쓸 거라고 짐작하지만 사실 두 가지는 너무 다른 분야라 당황스러울 때가 많았습니다. 한 번은 출강 중에 영문을 써달라는 부탁을 받고 써드렸다가 "영어는 한글보다 별로네" 하고 작게 속삭이는 말을 듣고는 의기소침해졌던 기억이 납니다.

더는 미룰 수 없다는 생각에 영문 글씨를 배워보려 마음먹었지만 막상 써보고 싶은 글씨체를 배울 수 있는 곳이 마땅치 않았습니다. 그래서 전통 영문 캘리그라피를 먼저 배우게 됐습니다. 우리나라에서 한글 캘리그라피와 서예가 구분되듯이 외국에서도 모던 캘리그라피와 전통 캘리그라피가 구분됩니다. 전통 캘리그라피에는 고딕, 로만캐피탈, 언설, 이탤릭, 카퍼플레이트 등 다양한 서체가 있고 각 서체마다 서법이 정해져 있습니다. 우리가 배우게 될 모던 캘리그라피는 카퍼플레이트라는 서체를 기반으로 삼고 있지만 기존 서법에서 탈피하여 디자인적인 요소를 더해 개성 있는 획을 만들고 자유롭게 표현하는 글씨입니다. 한글 캘리그라피처럼 디자인 활용도가 높은 서체지요.

다양한 영문 서체 중에서 가장 매력적으로 다가온 글씨가 바로 모던 캘리그라피였습니다. 글씨에 대해 아무것도 몰랐을 때조차 가장 멋있어 보이고 배우고 싶던 서체가 모던 캘리그라피였다는 것도 나중에야 깨달았어요. 모던 캘리그라피를 알고 난 이후부터 해외 작가들의 워크북을 따라 쓰고 강의를 들으며 수없이 연습했습니다. 같은 단어를 수십 번씩 쓰고 또 썼습니다. 원하는 곡선이 나올 때까지 꾸준히 연습하고 매일 참고 자료를 찾아보며 모던 캘리그라피 서체를 익혔고 저만의 글씨체를 만들기 위해 노력했습니다.

백수나 다름없는 생활을 이어오면서 미래가 불안하기도 했습니다. 원하는 대로 글씨가 써지지 않는 날이면 열등감에 빠져 우울할 때도 많았습니다. 하지만 내 글씨가 좋아지지 않더라도 잘 쓴 글씨와 잘 쓰지 못한 글씨를 구분할 수 있게 된 것만으로도 나아지고 있다고 믿었어요. 남들과 비교하지 않고 내 글씨에만 집중하며 한 자 한 자 써 내려갔습니다. 그러던 어느 날 세 시간 동안 쉬지 않고 글씨를 썼는데, 모든 글자가 편차 없이 고르게 잘 써진 걸 보았습니다. 안도감이 조금 들면서 동시에 자신감도 조금 생겼습니다.

글씨를 쓰기 시작한 지 십여 년 정도 되었지만 지금도 여전히 글씨에 대한 갈증을 느끼며 연습하고 있습니다. 이렇듯 글씨는 단기간에 잘 쓰는 것이 쉽지 않습니다. 획이 모여 한 글자가 완성되고 글자가 모여 단어와 문장이 완성됩니다. 그리고 반듯한 획들 사이사이에 조화, 균형, 변형 등 여러 가지 요소들이 필요하죠. 이 책은 그런 단계를 잘 밟아가며 여러분의 글씨체가 차근차근 성장할 수 있도록 구성했습니다. 가장 먼저 글씨의 기본이 되는 획을 숙지하고 26개의 대문자와 소문자 알파벳은 책을 보지 않고 바로 쓸 수 있을 때까지 연습하는 것이 좋습니다. 그다음에는 책에 나와있는 예제와 내가 좋아하는 단어, 문장을 많이 써보는 것이 중요합니다. 단어는 모두 다른 알파벳의 조합이므로 최대한 많은 경우의 수를 접해보고 차곡차곡 내 글씨체의 데이터를 쌓아나가야 합니다. 글씨 연습에서 꾸준함은 필수예요. 며칠 연습했다고 해서 잘 쓸 수 없습니다. 하루 30분이라도 펜을 들고 써보세요. 어느새 글씨가 바뀌어 있는 모습을 발견할 수 있을 거예요.

마지막으로 제가 어떤 상황에 있든 한결같이 지지하고 믿어준 존경하는 부모님과 가족들, 글씨를 어떤 마음으로 대하고 써야 하는지 올바른 가르침을 주신 강대연 선생님, 항상 응원해주고 힘이 되어준 친구들과 여러 지인들 그리고 수강생분들, 책을 쓰는 데 도움을 주신 편집자님께 이 자리를 빌려 감사의 말씀을 전합니다. 오늘도 마음이 담긴 글씨로 나와 주변 사람들에게 따뜻한 메시지를 전할 수 있는 하루가 되길 바랍니다.

윤정희

Riese

차
례

시작하기 전에

차근차근 시작하는 4주 클래스

1주차. 소문자 쓰기

1주차에는 알파벳의 기본이 되는 획을 하나씩 차근차근 배워보고 소문자 쓰기를 시작합니다. 소문자는 알파벳 순서가 아닌 비슷한 형태끼리 묶어 실었습니다. 이렇게 글씨를 배우면 조금 더 빨리 형태에 익숙해질 수 있습니다.

2주차에는 대문자를 씁니다. 대문자는 모두 형태가 다르기 때문에 A부터 Z까지 순서대로 차근차근 써보겠습니다.

3주차에는 알파벳 A부터 Z까지 연결하여 써보고 단어 쓰기를 시작합니다. 익숙하고 쉬운 단어를 먼저 써본 후에 짧은 문장을 다양한 구도로 쓰는 방법을 소개합니다.

4주차에는 글씨를 다양하게 변형하는 방법을 배웁니다. 모던 캘리그라피의 핵심이라고 할 수 있는 획 변형을 통해 글씨에 리듬감을 넣는 방법과 다양한 콘셉트를 구현할 수 있는 방법을 알려드립니다. 캘리그라피를 활용한 문장 쓰기와 더 아름답게 글씨를 꾸며주는 플러리싱까지 익힐 수 있습니다.

시작하기 전에

영문 손글씨, 왜 잘 쓰고 싶어요?

한글이든 영어든 글씨를 잘 쓴다는 것은 누구에게나 부러움을 살 만한 부분이라고 생각합니다. 그저 글씨가 예쁘기 때문만이 아니라 글씨를 잘 쓰기 위해 들인 많은 시간과 노력이 빛나기 때문일 겁니다. 요즘에는 손글씨를 쓸 일이 많이 없고 폰트도 다양하지만 일상에서 손글씨가 필요한 경우는 생각보다 많습니다. 공문서를 쓰거나, 편지를 전하거나, 하루를 시작하고 마무리하는 일기나 다이어리를 쓸 때 손글씨로 씁니다. 특히 내가 좋아하는 글귀, 영화와 드라마 속 대사, 명언, 노래 가사 등은 멋진 영문으로 쓰고 싶을 때가 있습니다.

제 수업에는 손글씨를 다른 사람에게 선물하고 싶은 분들이 많이 옵니다. 직장 동료에게 'Merry Christmas'나 'Happy New Year' 등의 연말 인사를 전하기 위해, 은사님께 드릴 선물에 영문 성함을 쓰기 위해, 축의금 봉투에 'Happy Wedding day' 같은 멋진 축하 메시지를 쓰기 위해, 부모님께 드릴 용돈 봉투에 'Thank you'라고 감사 인사를 쓰기 위해서 등등. 영문 손글씨는 고마운 마음을 전할 때 가장 빛을 발하는 것 같습니다.

알파벳에는 곡선으로 된 획이 많아서 디자인적인 요소를 한글보다 많이 더할 수 있습니다. 그래서 영문 손글씨는 브랜드의 로고, 상품, 인테리어 소품에도 많이 사용됩니다. 디자이너는 물론 플로리스트나 수공예 작가님들도 영문 손글씨를 활용하여 작품에 멋을 더하기도 합니다.

글씨를 쓰는 행위 자체를 즐기기 위해 오는 분도 있습니다. 책상에 앉아 펜을 잡고 한 자씩 써 내려가다 보면 마음이 굉장히 차분해집니다. 글씨를 쓰는 순간만큼은 복잡하던 머릿속을 비우고 온전히 손끝에 집중할 수 있습니다. 좋은 글귀를 직접 손으로 쓰다 보면 눈으로 읽을 때보다 기억에 오래 남아 내 삶의 풍부한 영양분이 됩니다. 어느 정도 시간이 흐른 후에는 달라진 글씨체를 보고 성취감도 느낄 수 있습니다. 이런 작은 성취감이 모이면 인생을 바꾸는 큰 원동력이 된다고 생각합니다.

이렇듯 글씨는 우리 생활에 아주 깊숙이 그리고 넓게 자리 잡고 있습니다. 그렇기 때문에 더 많은 곳과 다양한 일에 무궁무진하게 글씨를 활용할 수 있습니다. 특히 영문 손글씨는 한글에 비해 아직까지 대중화되지 않아 희소성이 있고 활용도도 높습니다. 영문 손글씨를 잘 쓰면 일상은 물론 직업이나 미래를 준비하는 일에도 도움이 됩니다.

손글씨 도구

| 브러시 펜 |

이 책에서는 초보자도 쉽게 사용할 수 있는 브러시 펜을 기본으로 사용합니다. 브러시 펜은 기본적으로 단단한 편인데 약간의 유연함이 있어 굵고 얇은 획을 모두 표현할 수 있습니다. 펜촉의 움직임이 적어 획을 조금 더 안정적으로 쓸 수 있다는 것도 장점입니다.

에딩 1340 브러시 펜

이 책에서는 에딩 브러시 펜 검은색을 사용했습니다. 브러시 크기가 적당하여 획의 굵기를 자유자재로 조정할 수 있습니다. 발색도 깔끔하고 10가지 색상이 있어 유용합니다. 브러시 팁은 섬유질이기 때문에 처음에는 단단하더라도 오래 사용하면 상태가 안 좋아집니다. 하지만 펜 내구성이 좋은 편이라 팁이 비교적 오래 유지됩니다. 알파벳 획을 부드럽게 연결할 수 있어 입문용으로 추천하는 펜입니다.

파버카스텔 캘리그라피 펜

브러시 팁의 크기가 조금 크고 탄력이 좋은 펜으로 총 12색입니다. A4 용지나 넓은 노트에 사용하길 추천합니다. 잉크가 잘 휘발되기 때문에 사용하지 않고 오래 보관할 경우 잉크가 안 나오기도 합니다. 파버카스텔 펜은 큰 문구점에서 쉽게 구입할 수 있고 가성비가 좋습니다.

스타빌로 펜68

이 펜은 다양한 색상과 선명한 발색이 장점입니다. 무려 47가지 색과 네온 컬러가 있습니다. 브러시 팁이 단단하고 크기가 적당해 초보자가 사용하기 좋습니다. 다만 오프라인에서는 사기 어렵고 온라인에서 구입할 수 있습니다.

파버카스텔 피트 아티스트 펜

브러시 팁의 크기가 작은 편이라 작은 글씨를 쓰기에 알맞습니다. 파스텔 색깔을 포함해 총 60가지 색이 있어 캘리그라피나 드로잉을 할 때도 유용합니다. 방수 기능이 있는 잉크를 사용해 마르고 나면 물에 번지지 않습니다.

| 마커 |

마커는 팁이 딱딱하기 때문에 굵기를 조절하기는 어렵지만 일정한 굵기를 표현하기에 좋습니다. 깔끔한 글씨체를 원하거나 종이 이외의 재질에 글씨를 쓸 때 추천하는 펜입니다. 마커는 물에 번지거나 지워지지 않고 건조가 빠른 편입니다.

모나미 데코 마커

유리, 금속, 플라스틱, 나무 등 다양한 재질에 쓸 수 있는 펜입니다. 색상이 선명하고 진하게 발색되며 색 종류도 골드, 실버, 형광색 등 34가지로 다양합니다. 굵기는 0.2mm와 0.7mm 두 가지로 오프라인 문구점에서 비교해보고 나에게 맞는 제품으로 구입합니다.

에딩 페인트 마커

페인트 성분이 포함된 마커로 다른 마커와 마찬가지로 다양한 재질에 사용할 수 있는 펜입니다. 굵기는 0.8mm, 1mm, 2mm, 3mm, 4mm가 있으며, 색상은 총 15가지로 선명한 발색이 특징입니다. 다른 펜보다 금색이 화려하고 예뻐서 선물용 카드를 쓸 때 자주 사용합니다.

모토로우 리퀴드 크롬 마커

알코올 베이스로 선명한 광택을 표현할 수 있는 마커입니다. 색상은 골드와 실버 두 가지인데 주로 실버를 많이 사용하고 추천합니다. 굵기는 1mm, 2mm, 4mm, 5mm로 네 가지가 있습니다.

| 딥펜 |

딥펜은 펜촉을 잉크에 담가 쓰는 펜입니다. 딥dip이 '담그다'라는 뜻입니다. 우리나라에 붓이 있다면 서양에는 딥펜이 있습니다. 붓과 딥펜 모두 손글씨의 기본 도구지만 운용법을 익히는 것이 까다롭고 시간이 걸리는 도구입니다.

딥펜은 펜촉(닙)과 펜홀더로 구성되어 있습니다. 펜홀더는 스트레이트 홀더와 오블리크 홀더로 나뉘는데, 각도가 있는 글씨를 쓸 때는 오블리크 홀더를 사용해야 합니다. 오블리크 홀더에 부착된 플랜지Flange는 글씨의 각도를 높여서 쓸 수 있게 도와줍니다.

펜촉은 입문용으로 브라우스의 스테노 펜촉을 추천합니다. 탄력감이 적당하고 잉크를 많이 저장할 수 있어 초보자가 쓰기에 편합니다. 잉크는 가독성을 고려해 진한 색을 사용하는 것이 좋습니다. 가성비 대비 묽기와 발색이 좋은 파커 잉크와 펠리칸 4001을 추천합니다.

추천 펜촉: 브라우스 스테노 펜촉
추천 잉크: 파커, 펠리칸 4001

| 종이 |

브러시 펜과 마커는 잘 번지지 않으므로 글씨 연습을 할 때는 저렴한 A4 용지를 사용해도 괜찮습니다. 보관용 작품을 만들 때는 캘리그라피용 혹은 드로잉용 종이처럼 두꺼운 수입 종이를 추천합니다. 저는 주로 띤또레또와 파브리아노 워터컬러 엽서를 사용합니다. 두 종이 모두 질감이 좀 있는 편이라 글씨를 쓸 때 획이 흔들리는 것을 막아줍니다.

추천 종이: 띤또레또, 파브리아노 워터컬러 엽서

컬러 종이

컬러 종이는 엽서용으로 나오는 기성품이나 색지를 사서 쓰면 됩니다. 색지를 사용하면 색상, 질감, 크기 등을 직접 정할 수 있어 좋습니다. 큰 종이는 재단기를 이용해 잘라 사용하면 되는데, 재단기는 온·오프라인 문구점에서 구입할 수 있고 B4 크기 이상의 재단기가 유용합니다.

페이퍼 모어(papermore.com): 다양한 종류의 수입 종이와 문구류를 판매합니다.
앳원스(atonce.co.kr): 기본적인 엽서 크기(4X6)의 종이를 다양한 색으로 구입할 수 있습니다.

노트

브러시 펜은 번짐이 적은 편이라 어떤 노트를 써도 무방합니다. 조금 더 좋은 품질의 노트를 사용하고 싶다면 로디아, 클레르 퐁텐 노트를 추천합니다. 종이가 얇지만 필기감이 굉장히 부드럽고 뒷장의 비침도 적은 편입니다. 무지 노트보다 격자나 도트 무늬 노트를 사용하면 좀 더 쉽게 글씨를 연습할 수 있습니다.

펜을 잡는 자세와 각도

글씨를 잘 쓰려면 생각보다 연습 시간이 오래 걸리기 때문에 바른 자세로 써야 몸이 피로하지 않고 집중력도 높일 수 있습니다.

먼저 의자 등받이에 허리를 곧게 대고 엉덩이를 의자 등받이 쪽으로 밀어서 붙여 앉습니다. 아랫배에는 살짝 힘을 주는 것도 좋습니다. 다리는 적당히 벌리고 발바닥이 바닥에 닿도록 합니다. 발이 닿지 않을 경우 발 받침대를 놓아주세요. 글씨를 쓸 종이는 정면에서 살짝 왼쪽 사선으로 틀어 놓아주세요. 이 책에서 배우는 글씨는 각도가 약간 기울어진 상태이므로 정면으로 종이를 둘 경우 팔이 안쪽으로 굽어 어색하고 불편한 모양새가 됩니다. 펜을 잡을 때는 펜촉의 끝부분에서 3~4cm 정도 되는 곳을 엄지와 검지로 잡고, 중지는 아래쪽에서 받쳐줍니다. 너무 멀리 잡거나 가깝게 잡으면 펜을 컨트롤하기 어렵습니다. 마지막으로 손바닥으로 달걀을 감싸 쥐듯이 손 모양을 만들어주세요.

바른 자세로 펜을 제대로 잡고 글씨를 쓰면 힘의 중심이 잘 잡혀 글씨의 각도나 모양이 흐트러지지 않습니다. 따라서 처음 글씨를 쓸 때부터 습관을 들이는 것이 중요합니다. 이 책을 보기 전까지 자세가 좋지 않았던 분들은 이번 기회에 고칠 수 있도록 해요!

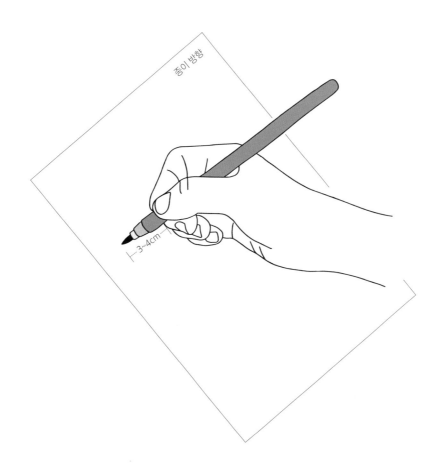

브러시의 모양과 각도

필압이란 글씨를 쓸 때 펜 끝에 주는 일정한 압력을 말합니다. 영문을 잘 쓰려면 필압을 자유롭게 조절할 수 있어야 해요. 필압을 적게 주어 얇은 획을 긋거나 세게 주어 굵은 획을 그을 수 있습니다. 한글과 달리 영문은 하나의 알파벳 안에서 굵기가 다른 부분이 있고, 위에서 아래로 획을 긋거나 위아래로 반복되는 곡선을 그려야 하기 때문에 필압 연습을 반드시 해야 합니다.

| 업 스트로크 Up Stroke |

필압을 완전히 뺀 상태, 즉 종이에 브러시 끝부분이 살짝 닿아있는 상태입니다. 가장 얇은 선을 표현할 수 있는데 처음에는 획이 많이 흔들릴 수 있습니다. 일정하게 얇은 획을 만들려면 연습을 많이 해야 합니다.

| 다운 스트로크 Down Stroke |

펜에 힘을 주어 브러시가 눌리는 형태입니다. 종이에 브러시의 면적이 많이 닿으므로 굵은 획을 표현할 수 있습니다. 업 스트로크보다 쉽지만 일정한 두께로 획을 그으려면 역시 많은 연습이 필요합니다.

정자체로 손 풀기

영어를 써본 지 오래된 분들이 많을 겁니다. 가장 먼저 기본적인 형태의 알파벳을 따라 써보면서 손을 풀어 보겠습니다. 알파벳 각각의 모양에 집중하며 하나씩 써 내려갑니다. 볼펜이나 연필 등 잡기 편한 어떤 것으로 써도 상관없습니다. 처음에는 형태를 익히는 데 집중하도록 합니다.

abcdefghijklmnopqrstuvwxyz

필기체로 감각 익히기

외국 영화에 나오는 멋스러운 필기체를 보면서 따라 써본 기억이 있을 거예요. 저도 어린 시절에 필기체로 현란하게 낙서를 했던 기억이 납니다. 우리가 흔히 필기체라고 보거나 알고 있던 서체의 기원은 '스펜서리 안'입니다. 플래트 로저스 스펜서Platt Rogers Spencer가 개발한 서체로 1800년대 중반 필기체의 표준이 된 미국 식 필기체입니다.

이번에는 필기체를 쓰면서 알파벳을 부드럽게 쓰는 감각을 익혀보겠습니다. 글씨를 자세히 보면 알파벳이 비스듬히 누워있고 앞뒤로 연결하는 획이 있습니다. 필기체는 알파벳끼리 모두 연결되어 있기 때문에 앞뒤로 획이 추가되는 것입니다.

abcdefghijklm

nopqrstuvwxyz

가이드라인과 획 용어

손글씨는 가이드라인 없이 자유롭게 변형하며 쓸 수 있지만 처음에는 균형감 있는 알파벳 형태를 익히기 위해 가이드라인이 있는 상태에서 연습해보겠습니다.

| 가이드라인 |

① 어센더 라인 Ascender line
⑤ 어센더 Ascender
② 엑스 라인 X-line
X ⑥ 엑스 하이트 X-height
③ 베이스 라인 Base line
⑦ 디센더 Descender
④ 디센더 라인 Descender line

① **어센더 라인**: 소문자의 가장 윗부분
② **엑스 라인**: 소문자 윗부분의 기준이 되는 선
③ **베이스 라인**: 소문자와 대문자의 아래 기준이 되는 선
④ **디센더 라인**: 소문자의 가장 아랫부분
⑤ **어센더**: 엑스 라인 위로 올라가는 소문자의 위쪽 기준
⑥ **엑스 하이트**: 서체 크기의 기준이 되는 소문자 x의 높이
⑦ **디센더**: 베이스 라인 아래로 내려가는 소문자의 아래쪽 기준

| 획 용어 |

엔트런스 스트로크
Entrance Stroke

보울
Bowl

언더턴
Underturn

크로스 스트로크
Cross Stroke

오버턴
Overturn

오벌
Oval

컴파운드 커브
Compound Curve

숄더
Shoulder

티틀
Tittle

어센딩 스템 루프 Ascending Stem Loop

엑시트 스트로크
Exit Stroke

디센딩 스템 루프 Descending Stem Loop

※ 각 획에 대한 설명과 방법은 '1주차 소문자 쓰기 - 1일차 기본 획 연습(28쪽)'에서 익힐 수 있습니다.

초보자가 많이 하는 질문

Q 얼마나 써야 영문 손글씨를 잘 쓸 수 있나요?

A 글씨를 잘 쓰려면 정말 꾸준한 연습이 필요합니다. 처음 알파벳을 배웠을 때를 떠올려보세요. 네 줄씩 그어진 영어 공책에 연필로 꾹꾹 눌러가며 연습했던 기억이 있을 겁니다. 학년이 올라가면서, 영어 단어를 외우기 위해 수십 번씩 단어장에 쓰기도 했겠지요? 지금은 그때만큼 손으로 영어를 쓸 일이 없기 때문에 시간을 내서 연습해야 합니다. 글씨는 쓰면 쓸수록 형태에 익숙해지고 모양도 다듬어집니다. 좀 더 예쁜 영문 손글씨를 쓰고 싶다면 하루 30분 정도 시간을 정해놓고 적어도 6개월에서 1년 정도는 연습해보길 추천합니다. 책에 있는 연습 페이지로도 충분하지만 더 연습하고 싶다면 가이드라인을 프린트해서 사용해도 좋습니다. 내가 좋아하는 문구, 명언, 영시 등을 필사하는 것도 지루하지 않게 연습하는 데 도움이 됩니다.

Q 브러시 펜 말고 다른 도구로도 쓸 수 있나요?

A 영문 손글씨도 한글을 쓸 때처럼 마커, 사인펜, 딥펜, 캘리그라피 펜 등 다양한 펜과 연필로 써도 됩니다. 다만 알파벳은 한글과 달리 획의 두께가 일정하지 않기 때문에 굵기에 변화를 줄 수 있는 펜으로 쓰는 것을 추천합니다. 그중에서 브러시 펜은 펜촉이 적당히 부드럽고 단단하여 영문 손글씨를 처음 쓰는 분들도 비교적 빨리 펜에 적응할 수 있습니다. 딥펜은 일반 펜과 펜촉이 다릅니다. 따라서 딥펜을 쓰려면 사용법을 정확히 익혀야 하고, 딥펜으로 자유자재로 글씨를 쓰려면 브러시 펜을 쓸 때보다 훨씬 더 많이 연습해야 합니다.

Q 악필도 영문 손글씨를 잘 쓸 수 있나요?

A 대부분의 악필은 글씨를 너무 빨리 써서 읽기 힘든 형태인 경우가 많습니다. 특히 한글의 경우 어릴 때부터 글씨체가 굳어져 빠르게 대충 쓰기 쉽고 이런 습관이 몸에 배면 악필을 교정하는 데 시간이 많이 걸립니다. 하지만 영문 손글씨의 경우 처음부터 천천히 쓰는 습관을 들인다면 악필인 분들도 충분히 잘 쓸 수 있습니다. 내가 만약 악필이라면 획을 천천히 긋는 연습부터 해보세요. 간단한 획이라도 시작하는 위치와 끝 처리를 잘 살펴보고 써 내려갑니다. 그다음, 소문자와 대문자를 순서대로 연습해주세요. 평소에 쓰던 속도보다 2~3배 정도는 천천히 써야 합니다. 알파벳을 익숙하게 쓸 수 있을 때까지 꾸준히 연습하는 것이 좋습니다. 이후에 자주 쓰는 짧은 문장부터 긴 문장까지 연습합니다. 문장을 쓸 때는 알파벳의 형태뿐 아니라 배열이나 크기 등 신경 써야 할 부분이 더 많기 때문에 꼭 알파벳 쓰기를 충분히 익힌 후에 문장 쓰기를 연습하세요. 연습만 충분히 한다면 악필인 분들도 예쁜 영문 손글씨를 쓸 수 있습니다.

Q 영문 손글씨도 한글처럼 나만의 글씨체를 가질 수 있나요?

A 이 책에서는 획을 자유자재로 변형할 수 있는 영문 손글씨를 배우기 때문에 얼마든지 자기만의 글씨체를 만들 수 있습니다. 그러려면 먼저 획 변형 방법을 익히고, 많은 글씨체를 보며 다양한 획의 모양을 익히는 것이 좋습니다. 이 과정을 통해 기존 글씨체를 응용하거나 자신에게 맞는 획을 연구하면서 나만의 글씨체를 만들 수 있습니다. 보기에만 예쁜 게 아니라 가독성이 좋고 균형미가 느껴지는 서체를 만들려면 시간과 노력을 많이 들여야 합니다. 조바심 내지 않고 여유로운 마음으로 획을 하나하나 만들어가면 나만의 멋진 서체를 만들 수 있을 거예요.

Q 제 손글씨를 활용한 상품을 만들고 싶어요.

A 손글씨를 활용한 상품의 종류는 무궁무진합니다. 적은 금액으로 누구든지 쉽게 만들 수 있는 제품으로는 스티커, 명함, 엽서, 포스터, 액세서리, 에코백 등이 있습니다. 예쁘게 쓴 글씨를 제품으로 오래 간직하고 싶다면 한번 시도해보세요. 상품을 만드는 첫 번째 단계는 종이에 쓴 손글씨를 디지털 파일로 만드는 것입니다. 먼저 만들고 싶은 제품에 어울리는 문구를 쓰고 스캔을 합니다. 스캔한 파일을 포토샵으로 불러와 색상과 디테일을 보정하고 PSD 파일로 저장합니다. 그다음 제품을 제작하는 인쇄 업체에 의뢰하면 됩니다. 제품에 따라서 일러스트 파일AI이 필요한 경우도 있어요. 이 경우엔 포토샵에서 색상을 보정한 후 일러스트에서 이미지 트레이스Image Trace 작업으로 글씨를 도형화한 후 AI 파일로 저장합니다.

Q 펜으로 연습한 후에 태블릿으로도 손글씨를 쓸 수 있을까요?

A 아무래도 도구가 다르기 때문에 적응하는 데 시간이 걸리지만 태블릿으로도 충분히 예쁜 손글씨를 쓸 수 있습니다. 태블릿으로 글씨를 쓸 때는 브러시 선택이 중요합니다. 태블릿에 내장된 브러시는 대부분 그림을 그리기에 적합한 브러시라서 직접 커스텀 브러시를 만들거나 캘리그라피용 브러시를 따로 다운로드해야 합니다. 온라인 쇼핑몰에서 유료 브러시를 구입할 수 있고 블로그나 유튜브에서 종종 무료로 배포하는 곳도 찾아볼 수 있습니다. 브러시는 종류마다 필압이 다르고 획의 형태도 다릅니다. 필압이 적당히 두껍고 부드러운 곡선 형태로 써지는 브러시가 영문 손글씨를 쓰기에 적합합니다. 태블릿으로 글씨를 쓰면 활용할 수 있는 곳이 더 많아집니다. 종이에 쓴 손글씨는 스캔과 보정 등 후작업이 필요하지만 태블릿에서는 원하는 포맷으로 파일을 바로 저장할 수 있어 편리합니다. 손글씨는 제품을 제작하거나 디자인 작업을 할 때뿐만 아니라 태블릿으로 필기를 하거나 다이어리를 쓰는 분들도 유용하게 활용할 수 있어요.

차근차근 시작하는
4주 클래스

1주차.

소문자 쓰기

기본 획 연습

기본 획은 알파벳 형태의 뼈대가 되는 부분이며, 기본 획 연습을 통해 펜 사용 방법도 함께 익힐 수 있습니다. 우리가 배우는 영문 손글씨에서 올라가는 획인 업 스트로크Up Stroke는 필압을 뺀 얇은 획으로, 내려가는 획인 다운 스트로크Down Stroke는 필압이 들어간 두꺼운 획으로 표현하는 것이 기본 형태입니다. 필압은 글씨를 쓸 때 붓끝에 주는 일정한 압력입니다. 여러 가지 획을 써보면서 필압을 자유자재로 조절할 수 있도록 연습해보세요.

| 업 스트로크 Up Stroke |

업 스트로크는 아래에서 위로 올라가는 획입니다. 최대한 힘을 빼고 얇은 획으로 표현합니다. 획이 흔들리지 않고 매끄럽게 표현될 때까지 연습해주세요.

| 다운 스트로크 Down Stroke |

다운 스트로크는 위에서 아래로 내려오는 획입니다. 힘을 준 상태에서 두꺼운 획으로 내려옵니다. 일정한 두께로 흔들리지 않도록 써주세요.

| 언더턴 스트로크 Underturn Stroke |

두꺼운 획으로 시작하며 아래로 내려와 자연스럽게 필압을 빼면서 얇은 획으로 전환합니다. 얇은 획으로 올라가며 u 형태를 만들어주세요.

| 오버턴 스트로크 Overturn Stroke |

언더턴 스트로크를 반전시킨 형태입니다. 먼저 얇은 획으로 시작해 올라가서 자연스럽게 필압을 주면서 두꺼운 획으로 전환하며 내려옵니다.

| 컴파운드 커브 스트로크 Compound Curve Stroke |

언더턴 스트로크와 오버턴 스트로크를 합쳐놓은 형태입니다. 얇은 획으로 시작해 올라가서 자연스럽게 두꺼운 획으로 전환하며 내려오고, 다시 얇은 획으로 전환해 올라가면서 마무리합니다.

| 오벌 Oval |

타원형 모양의 o자 획으로, 시작점은 오른쪽입니다. 얇은 획에서 시작해 돌아가며 두꺼운 획으로 전환했다가 다시 얇은 획으로 올라갑니다. 이때 첫 시작점과 끝점이 잘 맞물릴 수 있게 합니다.

| 디센딩 스템 루프 Descending Stem Loop |

먼저 두꺼운 획으로 시작해 디센더 라인까지 내려가 얇은 획으로 전환하며 자연스러운 루프 형태를 만들어 줍니다.

| 어센딩 스템 루프 Ascending Stem Loop |

먼저 얇은 획으로 시작하여 위쪽으로 어센더 라인까지 올라가서 루프를 만들고, 자연스럽게 두꺼운 획으로 전환하며 내려옵니다.

소문자 연습 1
(n, m, i, u, t, v, w)

영문 손글씨는 알파벳의 획을 이어 쓰는 형태입니다. 각각의 알파벳을 부드럽게 연결해서 쓰는 서체이므로 우리가 흔히 쓰는 영어 기본체에서 앞뒤로 획을 연결하는 동작이 추가됩니다. 이때 알파벳의 앞쪽에 오는 획을 엔트런스 스트로크Entrance Stroke, 뒤쪽에 오는 획을 엑시트 스트로크Exit Stroke라고 합니다. 소문자에서 엔트런스 스트로크는 업 스트로크 형태로 쓰면 됩니다. 다만, 알파벳 n, m, x, z는 업 스트로크로 시작하지 않습니다. 소문자는 비슷한 높낮이와 모양끼리 묶어 연습하면 조금 더 쉽게 익힐 수 있습니다. 글씨의 각도는 사선으로 누워있는 형태를 기본으로 배우지만 정해진 규칙은 아니므로 이후에 자유롭게 각도를 변형하면 됩니다.

오버턴 스트로크와 컴파운드 커브 스트로크가 합쳐진 형태입니다. 알파벳을 쓸 때는 반드시 획이 끝난 지점에서 다시 시작해주세요. 그렇지 않을 경우 알파벳 형태가 엉성해 보일 수 있습니다.

첫 획이 끝나는 지점에서 다시 시작해주세요.

오버턴 스트로크가 두 번 반복되며, 여기에 컴파운드 커브 스트로크가 합쳐진 형태입니다. n보다 획이 많아 자칫하면 가로 길이가 넓어질 수 있으므로 모든 획을 조금씩 좁혀 써주세요.

엔트런스 스트로크를 만든 후 언더턴 스트로크를 만들어줍니다. 점은 너무 작지 않게 찍어주세요.

\textcircled{u}

언더턴 스트로크가 두 번 반복되는 형태입니다. 첫 번째 획의 업 스트로크와 두 번째 획의 다운 스트로크가
너무 많이 겹치지 않도록 주의합니다.

잘못된 예시

획이 너무 많이 겹치지 않도록 주의하세요.

\textcircled{t}

소문자 i와 비슷한 형태지만 다운 스트로크를 더 길게 씁니다. 그리고 크로스 스트로크를 만들어주세요. 크
로스 스트로크는 직선으로 표현합니다.

v는 소문자 u와 비슷한 형태입니다. 아랫부분이 더 뾰족하지만 전체적으로 완만하게 표현해야 합니다. 그리고 점을 찍어 연결 획을 만들어주세요.

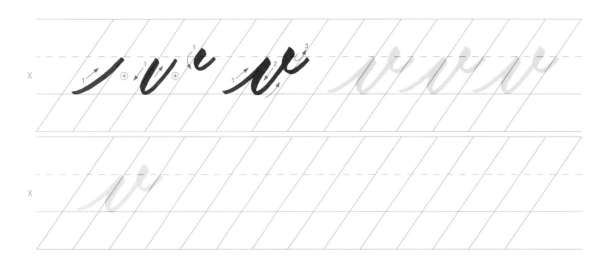

w는 언더턴 스트로크가 두 번 반복되는 형태입니다. 가로로 넓어지지 않도록 언더턴 스트로크의 넓이를 좁혀 써주세요. 그리고 점을 찍어 연결 획을 만들어주세요.

소문자 연습 2
(a, d, c, e, o, x, r, s)

ⓐ

오벌과 언더턴 스트로크가 합쳐진 형태입니다. 엔트런스 스트로크는 오벌의 형태를 벗어나지 않도록 2/3지점까지만 올려줍니다. 그리고 언더턴 스트로크의 다운 스트로크가 오벌의 영역을 넘어가지 않도록 주의해주세요.

잘못된 예시

획이 너무 많이 겹치지 않도록 주의하세요.

오벌과 어센딩 스템 루프가 합쳐진 형태입니다. 어센딩 스템 루프의 시작점은 다운 스트로크가 내려올 공간을 계산하여 살짝 떨어진 위치로 잡습니다. 어센딩 스템 루프가 오벌의 영역을 넘어가지 않도록 만들어주세요.

(c)

오벌에서 시작점과 끝점이 만나지 않고 엇갈리게 획을 만들어주면 c 형태가 됩니다.

e

소문자 c에서 작은 고리가 추가된 형태입니다. 먼저 사선으로 작은 고리를 만들고 c와 마찬가지로 엇갈리게 획을 올려주세요.

o

오벌 형태지만 위에서 감는 연결 획을 더해야 합니다. 왼쪽에서 획을 시작하여 위쪽에서 감아주면서 획을 바깥쪽으로 빼주세요.

컴파운드 커브 스트로크와 사선의 획이 합쳐진 형태입니다. 컴파운드 커브 스트로크의 위아래 입구 부분을
조금 넓게 만들어 그린 다음 사선 획을 더합니다. 사선은 최대한 힘을 빼고 아래에서 위로 얇게 씁니다.

(r)

엔트런스 스트로크를 조금 길게 쓰면서 위쪽에서 작은 연결 고리를 만들어줍니다. 그리고 사선으로 살짝 내
려온 상태에서 언더턴 스트로크를 만들어줍니다. 이때 사선으로 내려오는 부분(숄더)의 형태가 제대로 표현
되어야 합니다.

S

소문자 r과 마찬가지로 엔트런스 스트로크를 길게 쓰면서 위쪽에서 작은 연결 고리를 만들어주고 둥글게 내려옵니다. 아래에서 가로 형태의 고리를 만들어 획을 바깥쪽으로 빼줍니다.

소문자 연습 3
(l, h, b, k, f)

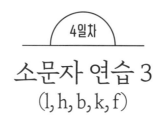

엔트런스 스트로크를 만든 후, 다운 스트로크가 내려올 공간을 계산하여 살짝 떨어진 상태에서 어센딩 스템 루프를 만들어주고 아래에서 u 형태로 올라가주세요.

어센딩 스템 루프와 컴파운드 커브 스트로크가 합쳐진 형태입니다. 컴파운드 커브 스트로크는 간격을 좁게 만들어야 균형 있는 h 형태가 만들어집니다.

어센딩 스템 루프를 만든 후, 얇은 획으로 시작해 타원 형태의 보울을 만들어줍니다. 그리고 아래쪽에서 작은 고리를 만들며 획을 바깥쪽으로 빼줍니다.

어센딩 스템 루프를 만든 후, 루프가 시작된 지점과 다운 스크로크가 끝나는 지점의 중간쯤에 사선으로 작고 얇은 고리 형태를 만듭니다. 다시 반대 사선으로 굵은 획으로 내려왔다가 얇은 획으로 올라가주세요.

f

어센딩 스템 루프와 디센딩 스템 루프가 합쳐진 형태로 세로로 긴 모양입니다. 어센딩 스템 루프를 먼저 만들고 길게 내려와 디센딩 스템 루프도 만들어줍니다. 디센더 루프가 끝난 지점에서 업 스트로크를 만들어주세요.

소문자 연습 4
(g, q, p, y, j, z)

g

오벌과 디센딩 스템 루프가 합쳐진 형태입니다. 엔트런스 스트로크는 오벌의 형태를 벗어나지 않도록 2/3 지점까지만 올려줍니다. 디센딩 스템 루프의 다운 스트로크가 오벌의 영역을 넘어가지 않도록 주의하고, 디센딩 스템 루프를 만든 후 자연스럽게 물결 형태로 바깥쪽으로 빼주세요.

소문자 g와 비슷하지만 디센딩 스템 루프를 오른쪽으로 감아 올린 형태입니다. 업 스트로크로 엑시트 스트로크를 만들어주세요.

다운 스트로크를 만든 후 위쪽에서 보울 형태를 만들며 아래쪽으로 감아 고리를 만든 다음 획을 바깥쪽으로 빼주세요.

언더턴 스트로크와 디센딩 스템 루프가 합쳐진 형태입니다. 언더턴 스트로크의 업 스트로크와 디센딩 스템 루프의 다운 스트로크가 많이 겹치지 않도록 주의합니다. 디센딩 스템 루프를 만든 후 자연스럽게 물결 모양으로 획을 바깥쪽으로 빼주세요.

j

디센딩 스템 루프를 자연스럽게 물결 모양으로 바깥쪽으로 빼준 후 점을 찍어 마무리하세요.

숫자 3을 쓴다고 생각하면 z 형태를 쉽게 이해할 수 있습니다. 오목한 형태로 올라가서 위쪽에서 반원을 만들고 여기서 다시 볼록한 형태로 내려가며 디센딩 스템 루프를 만든 후 획을 자연스럽게 바깥쪽으로 빼주세요.

다양한 소문자 서체

앞에서 배운 기본적인 형태의 소문자를 완벽히 숙지한 후 다른 형태로도 연습해보세요. 알파벳 모양에 따라 글씨의 느낌이 달라집니다. 획을 길게 빼거나 꼬아서 화려한 느낌을 주기도 하고, 짧게 줄여 단정하게 쓰기도 합니다. 같은 알파벳이라도 형태에 따라 다른 글자처럼 보이기도 해요. 또한 단어를 쓰다 보면 알파벳의 조합에 따라 형태를 변형해야 할 때가 있는데, 그럴 때는 아래 서체를 참고해서 써보세요.

첫 번째 서체	두 번째 서체	세 번째 서체	네 번째 서체
획이 굴곡져 날렵한 느낌이 듭니다.	획을 날려 쓰지 않아 단정한 느낌이 듭니다.	다양한 획 모양으로 개성 있는 느낌이 듭니다.	획이 추가되어 화려한 느낌이 듭니다.

a

b

c

d

e

f

g

h

i

j

k

l

m

n

o

p

q

r

s

t

u

v

w　　*w*　*w*　*w*　*w*

x　　*x*　*x*　*x*　*x*

y　　*y*　*y*　*y*　*y*

z　　*z*　*z*　*z*　*z*

대문자 쓰기

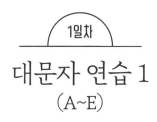

대문자 연습 1
(A~E)

대문자는 형태가 모두 디르므로 A부터 Z까지 순서대로 차근차근 연습해봅니다. 대문자에서 엔트런스 스트로크는 알파벳 형태에 따라 업 스트로크 또는 완만한 사선 물결 모양으로 만들면 됩니다.

살짝 오목한 곡선으로 시작해서 올라가다가 봉오리가 좁아지도록 그립니다. 굵은 획으로 내려오며 바깥쪽으로 살짝 획을 꺾어주세요. 크로스 스트로크의 위치는 너무 아래쪽에 두지 않도록 하고 굴곡이 심하지 않게 그립니다.

완만한 물결 형태의 엔트런스 스트로크를 만든 후 다운 스트로크로 내려오세요. 위쪽에서 작은 보울을 만들고 획이 끝나는 지점에서 다시 큰 보울을 만들며 밑부분에서 왼쪽으로 크게 감아주세요.

C

소문자 c와 같은 형태입니다. 크기만 크게 만들어주세요.

완만한 곡선 형태의 엔트런스 스트로크를 만든 후 다운 스트로크로 내려오세요. 획이 끝난 지점에서 얇은 획으로 올라가 큰 보울을 만들어 아래에서 왼쪽으로 크게 감아주세요.

E

완만한 곡선 형태로 시작해서 사선으로 작은 고리를 만들고 이어서 작은 반원을 만들어주세요. 반원을 그릴 때는 굵은 획으로 내려와서 얇은 획으로 올라갑니다.

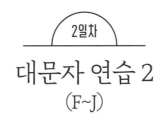

대문자 연습 2
(F~J)

F

다운 스트로크로 내려와 왼쪽으로 조금 크게 꺾어주세요. 위쪽에 끝이 살짝 열린 타원을 가로로 만들고 물결 모양으로 획을 빼주세요. 이때 가로획의 길이가 너무 짧지 않도록 주의합니다. 다운 스트로크의 중간 부분에서 가로로 짧은 곡선을 그린 후 사선으로 작은 고리를 만들어주세요.

G

소문자 g와 비슷한 형태입니다. 오벌의 크기는 소문자보다 더 길고 크게 만들어주세요. 그다음 디센딩 스템 루프를 가로로 긴 형태로 만들어주세요.

H

엔트런스 스트로크를 만든 후 직선으로 내려옵니다. 다운 스트로크의 중간쯤에 왼쪽으로 고리를 만들고, 그 획을 그대로 이어 오른쪽의 같은 위치에서 선을 바깥쪽으로 꺾어 고리를 만듭니다. 이때 2개의 다운 스트로크 간격이 너무 넓어지지 않게 주의하세요.

$$\text{I}$$

얇은 획으로 볼록하게 곡선을 만들며 올라갑니다. 위쪽에서 살짝 휘어지도록 획을 마무리하고 다운 스트로크로 내려와 왼쪽으로 조금 크게 꺾어 그립니다.

$$\text{J}$$

대문자 I와 비슷한 형태로 아래쪽에 디센딩 스템 루프가 추가됩니다. 전체적으로 길게 쓰고 디센딩 스템 루프는 가로로 긴 형태가 되게 만듭니다.

대문자 연습 3
(K~O)

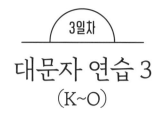

엔트런스 스트로크를 만든 후 다운 스트로크로 내려오세요. 다음으로 위쪽에서 사선으로 내려오되 얇은 획으로 시작해 물결 모양으로 굵게 긋습니다. 위쪽 사선과 반전된 형태로 아래쪽에 획을 그리며 오른쪽으로 더 크게 꺾으면서 마무리해주세요.

L

대문자 L은 획을 한 번에 이어 씁니다. 엔트런스 스트로크를 만든 후 위쪽으로 아주 작은 고리를 만들고 다운 스트로크로 내려옵니다. 아래쪽에 가로 모양의 고리를 한 번 더 만들고 물결 모양으로 획을 빼주세요.

M

오목한 곡선으로 올라가 위쪽에서 살짝 볼록하게 마무리합니다. 그다음 굵은 획으로 사선을 그은 후 다시 볼록하게 획을 올립니다. 마지막 획은 사선으로 내려와 오른쪽으로 살짝 꺾어주세요.

오목한 곡선으로 시작해서 직선 획으로 올라갑니다. 비스듬히 직선으로 내려온 후 첫 번째 획과 평행하게 올라가 가로로 고리를 만들어주세요. 끝이 열린 형태로 마무리합니다. 첫 번째 획과 세 번째 획이 평행해지도록 주의해서 그립니다.

Ⓞ

소문자 o와 거의 비슷한 형태입니다. 다만 단어를 쓸 때 대문자 O 뒤에 오는 알파벳의 위치를 배려하기 위해 오벌의 안쪽에서 획을 마무리해주세요.

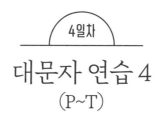

대문자 연습 4
(P~T)

P

소문자 p와 거의 비슷한 형태입니다. 엔트런스 스트로크를 만든 후 다운 스트로크로 내려옵니다. 다운 스트로크의 중간쯤에서 보울을 크게 만들고, 아래쪽에서 감는 획을 왼쪽으로 더 크게 감아주세요.

대문자 O와 비슷한 형태입니다. 엔트런스 스트로크를 만든 후 오벌을 그리고 마무리 획을 더 아래쪽으로 내려 원의 바깥쪽으로 꺾어주세요.

엔트런스 스트로크를 만든 후 다운 스트로크로 내려옵니다. 다운 스트로크의 중간쯤부터 획을 시작하여 보울을 만들어줍니다. 그다음 대문자 K의 아랫부분과 같이 사선으로 얇은 획에서 굵은 획으로 내려온 후 오른쪽으로 꺾어주세요.

S

소문자 s와 비슷한 형태고 한 번에 이어서 씁니다. 아래에서 볼록한 형태로 올라가 위쪽에 작은 고리를 만든 후 굵은 획으로 내려와 안쪽으로 타원 형태로 감아주세요.

T

완만한 물결 모양으로 가로 획을 긋고 사선 획으로 내려와 왼쪽으로 살짝 꺾어주세요. 가로 획을 사선으로 그리면 대문자 I와 헷갈릴 수 있으니 주의해주세요.

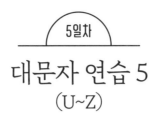

대문자 연습 5
(U~Z)

U

소문자 u와 비슷한 형태입니다. 엔트런스 스트로크로 시작해 언더턴 스트로크를 크게 그리며 내려간 후 업 스트로크를 약간 짧게 써주세요. 마지막으로 다운 스트로크를 굵은 획으로 그리며 바깥쪽으로 살짝 꺾어줍니다.

소문자 v와 비슷한 형태입니다. 엔트런스 스트로크를 만든 후 다운 스트로크로 내려와 끝이 좁은 형태로 곡선을 만들며 올라갑니다. 마지막 업 스트로크 획을 바깥쪽으로 크게 꺾어주세요.

소문자 w와 비슷한 형태입니다. 엔트런스 스트로크를 만든 후 언더턴을 간격이 좁은 형태로 만듭니다. 다시 조금 더 짧은 언더턴을 만들고 마지막 업 스트로크 획을 안쪽으로 살짝 꺾어 올려주세요.

소문자 x와 비슷한 형태입니다. 소문자보다 컴파운드 커브 스트로크의 첫 획과 마지막 획을 더 짧게 만들어 주세요. 사선 획은 최대한 힘을 빼고 아래에서 위로 얇게 씁니다.

소문자 y와 비슷한 형태입니다. 엔트런스 스트로크를 만든 후 언더턴 스트로크를 더 크게 만들어주세요. 다운 스트로크를 굵은 획으로 그린 후 아래쪽에 가로 모양의 고리를 만들고 바깥쪽으로 꺾어주세요.

Z

소문자 z와 비슷한 형태입니다. 첫 획을 볼록하게 시작하며 뚫린 타원을 만듭니다. 그다음 왼쪽으로 휘어지는 굵은 곡선을 그리며 아래쪽에 가로로 고리를 만든 후 획을 바깥쪽으로 꺾어주세요.

다양한 대문자 서체

앞에서 배운 기본적인 형태의 대문자를 완벽하게 숙지한 후 다른 형태로도 연습해보세요. 알파벳 모양에 따라 글씨의 느낌이 달라집니다. 획의 길이를 조절하거나 마지막 획을 위 또는 아래로 빼서 쓰기도 합니다. 같은 알파벳이라도 형태에 따라 다른 글자처럼 보이기도 해요.

첫 번째 서체	두 번째 서체	세 번째 서체	네 번째 서체
획이 굴곡져 날렵한 느낌이 듭니다.	획을 날려쓰지 않아 단정한 느낌이 듭니다.	다양한 획 모양으로 개성 있는 느낌이 듭니다.	획이 추가되어 화려한 느낌이 듭니다.

A

B

C

D

E *E* *E* *E* *E* *E*

F *F* *F* *F* *F*

G *G* *G* *G* *G*

H *H* *H* *H* *H*

I *I* *I* *I* *J*

J *J* *J* *J* *J*

K *K* *K* *K* *K*

L *L* *L* *L* *L*

M *M* *M* *M* *M*

N *N* *N* *N* *N*

O *O* *O* *O* *O*

P *P* *P* *P* *P*

Q

R

S

T

U

V

W W W W W

X X X X X

Y Y Y Y Y

Z Z Z Z Z

3주차.

자연스럽게 영문 쓰기

소문자 연결하기

앞서 2주 동안 대문자와 소문자 알파벳 형태를 익혔습니다. 오늘은 소문자를 연결해서 a부터 z까지 써보는 연습을 하겠습니다. 소문자 쓰는 순서를 잘 기억하며, 각 알파벳이 끝난 지점에서 다음 알파벳을 이어서 써 주세요.

abcdefghijklm

nopqrstuvwxyz

알파벳끼리 이어서 쓰다 보면 앞쪽 알파벳의 엑시트 스트로크가 뒤쪽 알파벳의 엔트런스 스트로크가 됩니다. 이때 획의 각도가 알파벳별로 다르지 않도록 통일성 있게 쓰는 것이 중요합니다.

잘못된 예시

알파벳이 끝나는 엑시트 스트로크가
다음 알파벳의 다운 스트로크와
너무 많이 겹치지 않게 주의해주세요.

소문자 r, s는 앞쪽 알파벳의
엑시트 스트로크를 길게 만들어야
알파벳의 형태가 어색해지지 않습니다.

abcdefghijklm

nopqrstuvwxyz

알파벳 b, o, p, s, v, w의 엑시트 스트로크는 알파벳의 위쪽이나 중간에서 마무리됩니다. 이 알파벳 뒤에 오는 m, n, r, s, x, z는 얇은 획으로 시작되고 엔트런스 스트로크의 길이가 짧아지기 때문에 앞서 배운 기본 형태와 조금 다르게 써야 합니다. 엑시트 스트로크와 엔트런스 스트로크를 하나로 연결해서 써야 하기 때문에 획이 길어지거나 굴곡이 많아집니다. 그래서 뒤에 오는 알파벳을 균형 있게 쓰는 것이 어렵습니다. 이 조합은 기본적으로 각도를 통일감 있게 쓰는 것이 가장 중요하며 획을 자연스럽게 이어주어야 합니다. 그리고 뒤에 오는 알파벳 위치가 너무 위쪽이나 아래쪽으로 가지 않도록 주의해주세요. 굴곡이 많고 긴 획은 초보자들이 특히 어려워하는 부분이기 때문에 다음 예시를 보고 많이 연습해야 합니다.

알파벳 b의 엑시트 스트로크는 아래에서 위로 올라가는 획입니다. 이때 획이 길어지면서 흔들리지 않도록 주의해야 합니다.

bm bn br

bs bx bz

$$\boxed{o} + m, n, r, s, x, z$$

알파벳 o의 엑시트 스트로크는 위쪽에서 끝나는 획입니다. 뒤에 오는 알파벳의 형태가 어색해지지 않도록
각도를 잘 맞춰서 써야 합니다.

om on on or

os os ox oz

om on on or

os ox oz

\boxed{p} + m, n, r, s, x, z

알파벳 p의 엑시트 스트로크는 위쪽에서 끝나는 획입니다. 뒤에 오는 알파벳의 형태가 어색해지지 않도록 각도를 잘 맞춰서 써야 합니다.

$$\left(\text{v}\right) + \text{m, n, r, s, x, z}$$

알파벳 v의 엑시트 스트로크는 굵은 획에서 얇은 획으로 바뀌는 획입니다. 필압 조절을 잘 하면서 뒤에 오는
알파벳과 자연스럽게 연결해주세요.

vm vn vr

vs vx vz

$$\left(\text{w}\right) + \text{m, n, r, s, x, z}$$

알파벳 w의 엑시트 스트로크는 굵은 획에서 얇은 획으로 바뀌는 획입니다. 필압 조절을 잘 하면서 뒤에 오는 알파벳과 자연스럽게 연결해주세요.

wm wn wr

ws wx wz

$\boxed{s} + m, n, r, s, x, z$

알파벳 s의 엑시트 스트로크는 고리 모양을 만들며 굴곡이 집니다. 형태에 집중하며 획을 자연스럽게 연결해 주세요.

2일차

대문자와 소문자 연결하기

대문자 A~Z로 시작하는 단어를 써보겠습니다. 대문자는 형태에 따라 대문자 다음에 오는 소문자와 연결해서 쓰거나 띄어 쓸 수 있습니다. 하지만 획이 왼쪽에서 끝나는 대문자는 소문자와 연결해서 쓰기 어렵고 띄어 써야 합니다. 이어쓰기와 띄어쓰기가 모두 가능한 대문자는 단어의 조합에 따라 더 균형감 있는 걸로 선택해서 쓰면 됩니다. 띄어쓰기를 할 경우, 대문자를 제외한 단어 중 가장 첫 번째 소문자는 엔트런스 스트로크를 생략할 수 있습니다. 다만 소문자 m, n, r, s, x, z는 엔트런스 스트로크로 연결해야 자연스럽고 알파벳의 형태를 유지할 수 있습니다.

A

띄어쓰기 이어쓰기

띄어쓰기 　　　　　　　　　　　　　　　　　　　　　　　　　　이어쓰기

띄어쓰기 　　　　　　　　　　　　　　　　　　　　　　　　　　이어쓰기

(D)

Dream Dream

(E)

Ever Ever

띄어쓰기

Fancy

X

X

X

G

띄어쓰기 이어쓰기

Great Great

X

X

X

띄어쓰기 이어쓰기

Honey Honey

I

띄어쓰기

Inside

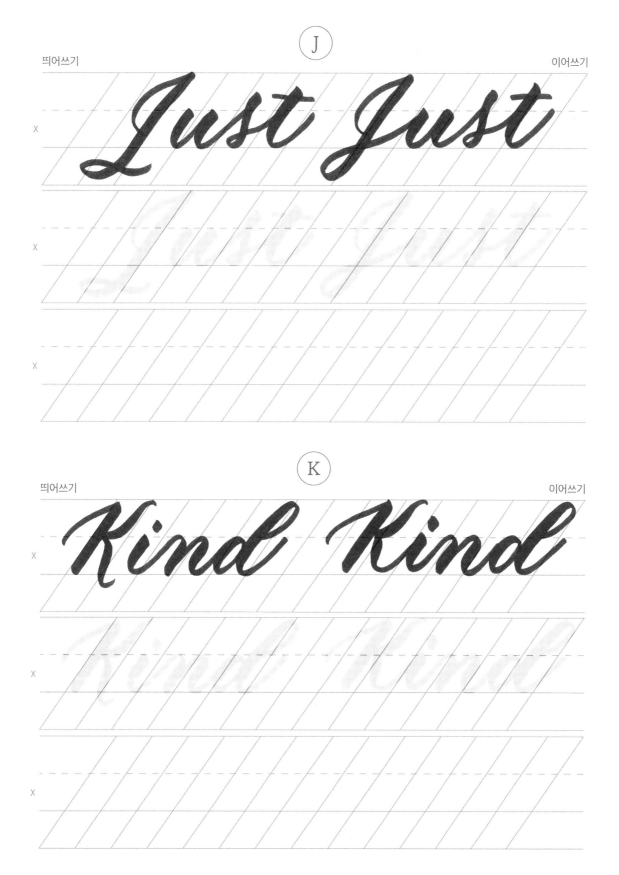

띄어쓰기 이어쓰기

X *Love Love*

X *Love Love*

X

띄어쓰기 이어쓰기

X *Make Make*

X *Make Make*

X

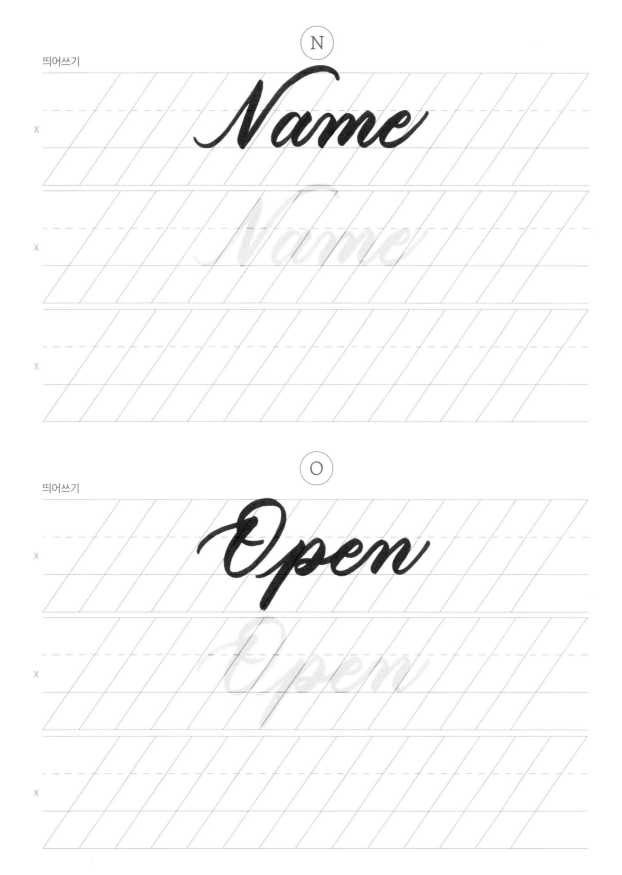

N

X

X

X

O

띄어쓰기

X

X

X

(P)

X *Play Play*

X *Play Play*

X

(Q)

X *Quick Quick*

X *Quick Quick*

X

R

띄어쓰기 이어쓰기

Right Right

S

띄어쓰기

Sense

띄어쓰기

X

Take

X

Take

X

띄어쓰기 이어쓰기

X *Unique Unique*

X *Unique Unique*

X

띄어쓰기

V

Value

띄어쓰기

W

Write

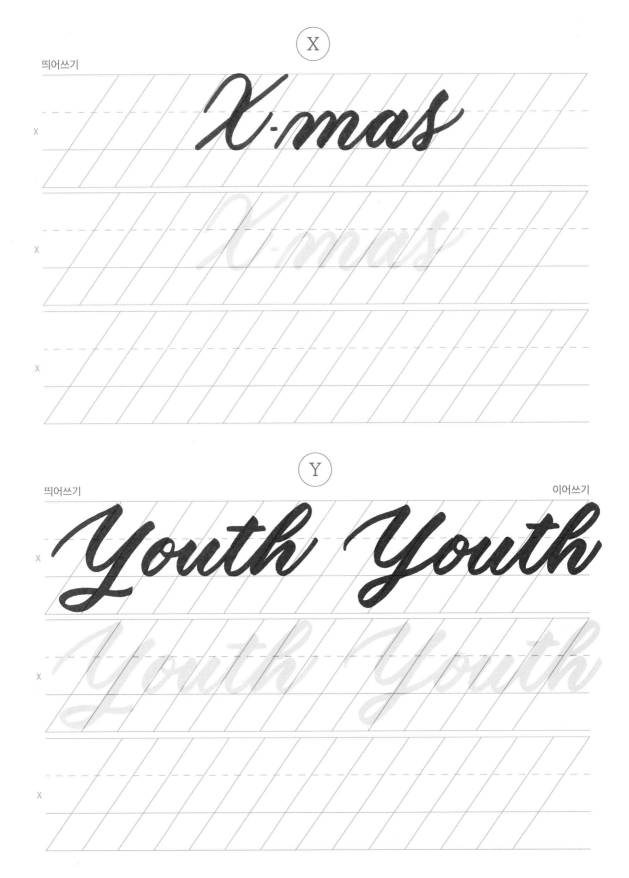

X

X-mas

Y

띄어쓰기 이어쓰기

Youth Youth

띄어쓰기 이어쓰기

X

X

X

단어 쓰기

소문자로 이루어진 다양한 단어를 써보면서 여러 가지 알파벳 조합을 익혀보세요. 단어를 쓸 때는 각 글자의 자간을 일정하게 유지해야 가독성이 좋습니다.

love

love

some

some

like

like

X

X

many

many처럼 곡선이 많은 알파벳 조합은 획의 모양과 간격을 일정하게 표현하는 것이 중요합니다.

X *many*

X

life

X *life*

X

hope

home

hello

소문자 l처럼 루프가 있는 알파벳이 반복될 경우, 루프의 크기가 너무 커져서 획이 겹치지 않도록 주의해야 합니다.

dream

dream

think

think

right

right

great

g에서 r로 이어지는 획이 상당히 길어지므로 자간이 벌어지지 않게 주의하며 자연스러운 곡선으로 표현합니다.

X *great* great

X

heart

X *heart* heart

X

money

X *money* money

X

coffee

길이가 긴 f가 반복될 때는 각도가 달라지지 않도록 통일감 있게 쓰는 것이 중요합니다.

X *coffee*

X

friend

X *friend*

X

inside

X *inside*

단어 중간에 s가 들어갈 경우 s의 아랫부분 간격이 너무 좁아지지 않도록 다운 스트로크의 각도를 조금 세워주세요.

X

enough

enough

mother

mother

father

father

spring

spring

X

X

summer

summer

X

X

autumn

autumn

X

X

winter

winter

x

x

holiday

holiday

x

x

morning

morning

x

x

together

together

vacation

vacation

positive

positive

단문 쓰기 1

단어 쓰기에 이어 짧은 문장을 써보겠습니다. 주로 단어 2~4개의 조합으로 이루어진 단문이며 쭉 일렬로 쓰는 구도입니다. 문장을 쓸 때 각 단어 사이가 너무 멀거나 좁으면 가독성이 떨어집니다. 소문자 o가 들어갈 정도로 단어 사이를 띄어주어야 편하게 보고 읽을 수 있습니다.

I love you 당신을 사랑합니다

Love yourself 자신을 사랑하세요

r과 s가 이어지는 경우 각도와 모양이 어색해지지 않도록 주의해야 합니다.

Sweet dreams 좋은 꿈 꾸세요

Good night 안녕히 주무세요

Don't worry 걱정하지 마세요

r이 반복될 경우 각도와 자간을 통일감 있게 쓰는 것이 중요합니다.

Be happy 행복하세요

Thank you 고맙습니다

Cheer up 힘내세요

Never mind 신경 쓰지 마세요

Good luck 행운을 빌어요

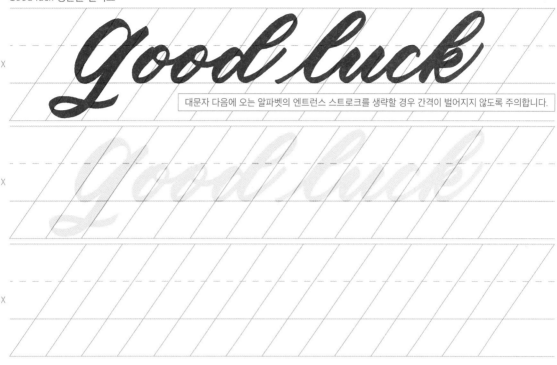

대문자 다음에 오는 알파벳의 엔트런스 스트로크를 생략할 경우 간격이 벌어지지 않도록 주의합니다.

Forget it 잊어버리세요

X

That's right

X

That's right

X

첫 대문자가 A일 경우 A의 크로스 스트로크가 다음에 오는 알파벳과 딱 맞닿지 않도록 해주세요.
공간이 부족하다면 다음에 오는 알파벳 위로 지나가는 것도 괜찮습니다.

Always smile 항상 웃어요

X

Always smile

X

Always smile

X

5일차

단문 쓰기 2

이번에는 다양한 구도로 문장을 써보도록 하겠습니다. 알파벳의 크기, 위치, 형태를 변형하면 다양한 구도를 만들 수 있고 문장의 주목도가 높아집니다. 문장을 쓸 때 단어 조합에 따라 적절히 선택해서 쓰면 좋습니다.

1. 가운데 맞추기

첫 번째 구도는 가운데 정렬 쓰기입니다. 가장 쉽게 쓸 수 있는 구도이며 각 줄의 간격(행간)을 같은 높이로 맞추어 쓰는 것이 좋습니다.

Happy new year 새해 복 많이 받으세요

2. 기울이기

두 번째 구도는 사선으로 기울여 쓰기입니다. 첫 번째 줄을 쓰고 난 후 두 번째 줄은 들여쓰기를 해줍니다. 이때도 행간은 같은 높이로 맞추는 것이 좋습니다. 다만 너무 긴 문장은 불안해 보일 수 있으므로 피하는 것이 좋습니다.

Love myself 나 자신을 사랑하자

Good luck to you 행운을 빕니다

3. 글자 변형하기

세 번째 구도는 글자의 크기와 형태를 변형하는 것입니다. 여러 줄로 쓴 문장에서 한 줄은 크기를 완전히 작게 쓰거나 대문자 혹은 소문자 정자체 느낌으로 쓰는 식입니다. 글자가 변형되더라도 행간은 일정하게 유지해야 글씨가 좀 더 예뻐 보입니다. 이 구도는 문장의 주목도를 높여줍니다.

Good vibes only 긍정적인 느낌만

4. 지그재그로 쓰기

네 번째 구도는 지그재그로 쓰기입니다. 이 구도는 각 줄의 시작점을 다르게 해주는 것이 포인트로, 시작점을 서로 엇갈리게 잡아서 쓰면 됩니다. 긴 문장에도 잘 어울립니다.

You only live once 인생은 한 번뿐이에요

Let it snow 눈이 내리게 해주세요

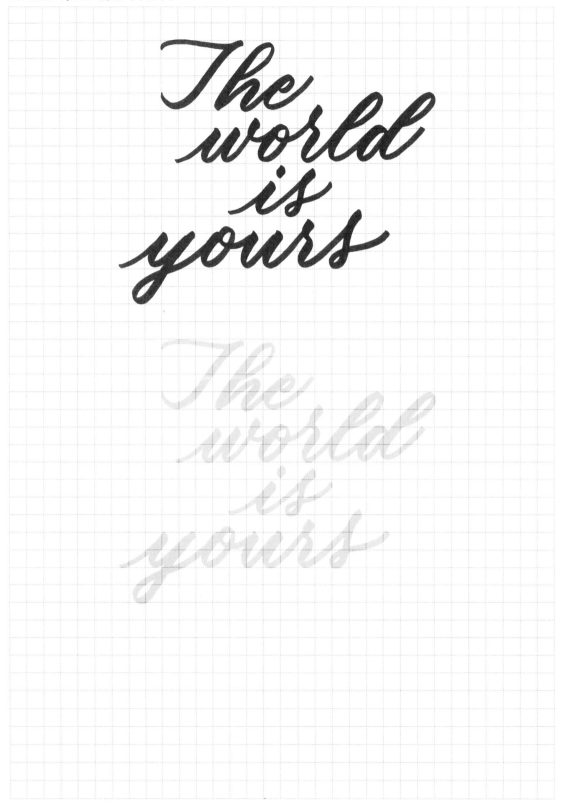

134

글씨에 포인트 넣는 방법

다양한 재료와 아이디어로 글씨를 더욱 멋스럽게 꾸밀 수 있습니다. 앞서 배운 글씨와 구도를 그대로 따라 쓰며 연습해도 좋고, 자기만의 개성이 담긴 서체와 아이디어를 더하면 더 좋습니다. 쉽지만 멋스러워 보이게 글자 꾸미는 방법을 소개합니다.

1. 여러 가지 색으로 쓰기

글씨에 색을 더하면 더욱 풍부한 표현이 가능합니다. 같은 계열의 색상으로 채도 변화만 주면서 그러데이션을 할 수도 있고 초록색과 파란색, 주황색과 분홍색, 연두색과 보라색 등 잘 어울리는 두 가지 색상을 자연스럽게 연결해서 투톤으로 쓸 수도 있습니다. 주황색과 남색, 보라색과 연두색, 빨간색과 초록색 등 보색으로 대비되는 컬러를 사용하면 더 선명하고 눈에 띄는 효과를 낼 수 있습니다.

Dynamite

Awake

Butter

More and More

Life goes on

2. 손그림 더하기

글씨를 쓰고 나서 빈 공간이 허전해 보이거나 글씨의 대칭이 맞지 않을 때는 간단한 손그림을 더해보세요. 손그림은 글씨보다 얇은 펜으로 그려야 글씨와 잘 어우러지고 그리기도 쉽습니다. 문구에 어울리는 사물이나 표정 등을 그려도 좋지만 그림 솜씨가 부족하다면 별, 잎사귀, 점, 물방울, 빗금처럼 작은 포인트만 넣어줘도 좋습니다. 이때 전체적인 균형과 강약 조절이 필요해요. 같은 그림이라도 위치에 따라 크기를 다르게 하고 양쪽으로 균형 있게 그려줍니다.

It's up to you

good luck

Stick to it

Count me on

3. 다양한 종이와 소품 활용하기

글씨를 쓰는 종이를 바꾸는 것만으로도 글씨에 포인트가 됩니다. 온라인 쇼핑몰이나 문구점에서 판매하는 그림 엽서, 색지 등을 활용해보세요. 그림 엽서에는 어떤 펜으로 써도 잘 어울리고, 색지는 색이 진할 경우 글씨가 잘 안 보일 수 있으니 마커로 쓰는 것이 가장 좋습니다. 좀 더 다채로운 카드를 만들고 싶다면 누름꽃을 활용하는 방법도 있습니다. 누름꽃은 납작하게 눌러 말린 꽃이나 잎으로 주로 온라인 쇼핑몰에서 살 수 있습니다. 글씨를 쓰기 전에 미리 누름꽃의 위치를 잡아본 후 핀셋과 목공풀을 이용해 조심스럽게 붙여주면 됩니다.

색지 활용하기

그림 엽서 활용하기

누름꽃 활용하기

4주차.

조금 더 멋스럽게 쓰기

알파벳에 리듬감 더하기

리듬감 더하기 1: 알파벳 연결 획 확장하기

리듬감을 주는 첫 번째 방법은 알파벳의 연결 획을 아래로 확장하는 것입니다. 다만 모든 알파벳의 연결 획을 확장할 수 있는 건 아닙니다. 알파벳 a, d, h, k, l, m, n, r, t, u만 확장이 가능합니다. 이 중 m과 n은 형태의 특성상 위쪽으로 획을 확장하는 게 좋습니다.

알파벳 c, e, i는 연결 획을 확장하면 가독성이 떨어지므로 피하는 것이 좋습니다. 연결하는 획의 길이는 알파벳의 조합에 따라 유연하게 조절하면 되지만 a, m, n, r, u의 경우 너무 길면 이 또한 가독성이 떨어집니다.

잘못된 예시

a, m, n, r, u는 획을 너무 길게 확장하면 가독성이 떨어지므로 주의하세요.

a

d

h

k

l

m

n

r

t

u

연결 획을 확장한 단어의 예시

today

Basic

베이스 라인 아래로 확장해주세요.
X라인을 지켜서 쓰면 깔끔하게 표현할 수 있습니다.

mine

Basic

알파벳 획의 길이를 조금씩 다르게 확장해야 글씨의 리듬감이 더 살아납니다.

리듬감 더하기 2: 알파벳 크기 변형하기

리듬감을 더하는 두 번째 방법은 알파벳 하나하나의 크기를 변형하는 것입니다. 주로 어센딩 스템 루프와 디센딩 스템 루프가 없는 알파벳(a, c, e, i, m, n, o, r, s, u, v, w, x)을 작게 쓰는 것이 안정적입니다.

home

Basic

value

Basic

리듬감 더하기 3: 알파벳 위치 변형하기

리듬감을 더하는 세 번째 방법은 알파벳의 위치를 위아래로 조금씩 변형하는 것입니다. 위치를 변형하면 단어를 훨씬 리듬감 있게 쓸 수 있지만 자칫 산만해 보일 수 있습니다. 그래서 위치 변형은 되도록 어센딩 스템 루프와 디센딩 스템 루프가 없는 알파벳(a, c, e, i, m, n, o, r, s, u, v, w, x)으로 이루어진 단어에 적용하는 것이 좋습니다.

획 변형하기 1: 알파벳의 폭(넓이) 변형하기

알파벳의 루프 모양을 두껍게 쓰거나 얇게 써서 다양한 느낌을 낼 수 있습니다. 알파벳을 가로로 넓게 쓰면 풍성해 보이고 귀여운 느낌이 납니다. 이때 타원보다는 원형에 가까운 모양으로 쓰는 것이 좋습니다. 반대로 알파벳의 넓이를 좁게 쓰면 날카롭고 날렵한 느낌이 납니다. 루프의 모양과 획을 최대한 길고 얇게 표현해주세요.

획 변형하기 2: 알파벳의 자간 변형하기

이 책에서는 알파벳의 자간을 좁게 쓰는 편입니다. 이번에는 넓게 쓰는 연습을 해보겠습니다. 자간이 넓을수록 가독성이 조금 떨어지지만 천천히 읽을 수 있어 여유롭고 차분한 느낌이 납니다. 자간을 넓게 쓸 때는 알파벳의 엑시트 스트로크를 길게 빼면서 써줍니다.

획 변형하기 3: 알파벳의 각도 변형하기

이 책에서는 기본적으로 사선으로 기울어진 형태의 알파벳을 쓰고 있습니다. 이번에는 기울지 않고 바로 선 형태의 영문을 써보겠습니다. 모든 세로 획을 일자로 세워 써서 기울기를 통일합니다.

단어에 리듬감 더하기

글씨에 리듬감을 주되 안정적으로 보이려면 소문자의 위치를 잘 잡아야 합니다. 단어에서 첫 번째 대문자 다음에 오는 소문자의 위치를 잡을 때 대문자의 가장 아랫부분과 윗부분을 피해 쓰는 것이 좋습니다. 대체로 소문자가 대문자의 중간 혹은 살짝 아랫부분에 위치하는 것이 안정적으로 보입니다.

Catch

잘못된 예시

대문자와 소문자의 아래쪽 기준선을 맞추면 전체적인 균형감이 맞지 않습니다.

Catch

잘못된 예시

대문자와 소문자의 위쪽 기준선을 맞추면 전체적인 균형감이 맞지 않습니다.

X-line

X

또한 단어를 쓸 때는 소문자의 X라인을 기준으로 잡고 변형해야 산만해 보이지 않습니다.

Angel

Angel

Bloom

Bloom

Catch

Catch

Drive

Drive

Early

Early

Fancy

Fancy

Great

Great

Have

Have

Impact

Just

Just

Knock

Light

Moon

Novel

Order

Plant

Quit

Quit

Report

Report

Study

Take

Unit

Unit

Unit *Unit*

Vital

Vital

Vital *Vital*

Worth

X-mas

Year

Zeal

다양한 구도로 단문 쓰기

단어 2~5개로 이루어진 짧은 문장을 써보겠습니다. 알파벳의 크기와 형태를 바꾸어 리듬감을 주고 컬러와
일러스트를 넣어 꾸며보세요. 책에 없는 새로운 문장을 쓸 때는 여러 구도로 써본 후 가장 균형감 있는 걸로
쓰면 됩니다.

Happy birthday 생일을 축하합니다

Happy Birthday

Happy Birthday

Happy new year 새해 복 많이 받으세요

Happy
— NEW —
year

Happy
— NEW —
year

Merry Christmas 즐거운 성탄절 되세요

I Love You

I Love You

Have a nice day 좋은 하루 되세요

다양한 구도로 장문 쓰기

장문은 행간을 좁게 쓰면 하나의 덩어리처럼 느껴져 주목도가 올라갑니다. 이때 알파벳의 위치를 퍼즐 맞추듯이 짜임새 있게 구성해야 합니다. 알파벳을 쓸 수 있는 공간에 따라 어센딩 스템 루프를 직선으로 표현할수 있으며, 알파벳의 크기와 위치를 적절히 바꿀 수 있습니다. 장문은 행간을 넓게 쓰면 깔끔해 보입니다. 가이드라인을 연필로 긋고 문장을 쓴 다음 잉크가 마르면 지우개로 선을 지우면 됩니다. 문장의 주목도를 높이고 싶다면 포인트가 되는 단어나 줄을 크게 쓰는 것이 좋습니다.

There are no mistakes in life just lessons 삶에 실수는 없고 단지 배움만이 있을 뿐이다

Rule your mind or it will rule you 마음을 다스려라. 그렇지 않으면 마음이 너를 다스릴 것이다

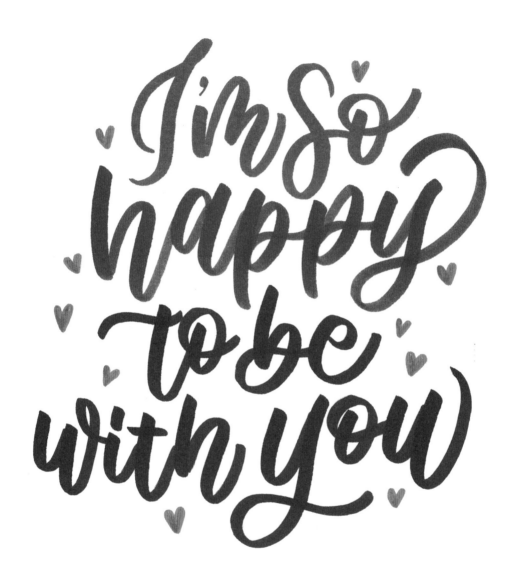

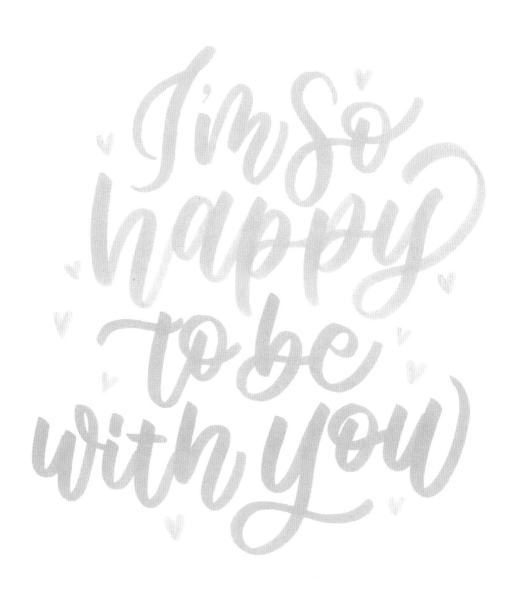

He is truly happy who makes others happy 남을 행복하게 하는 사람은 진짜 행복한 사람이다

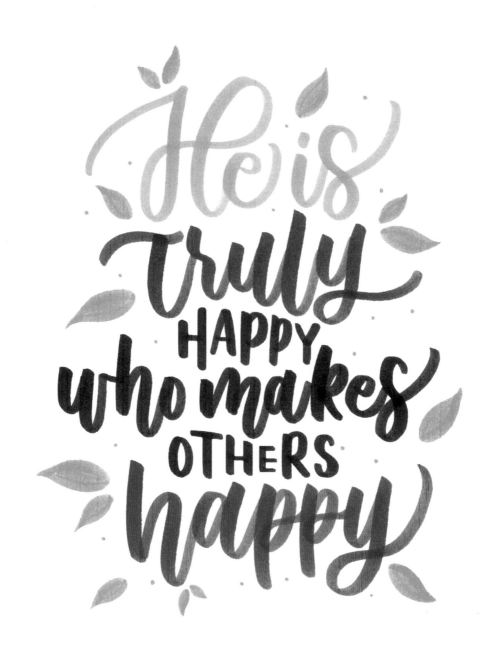

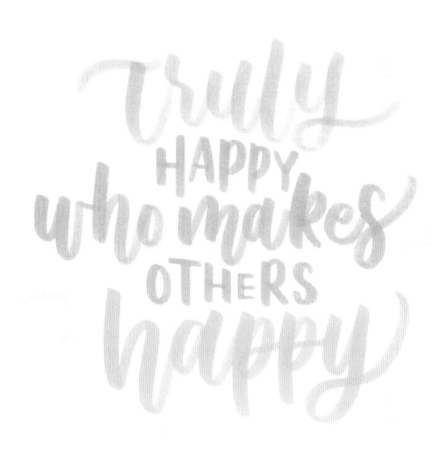

Stop wishing, Start doning 바라지 말고, 시작하세요.

Stop

Start

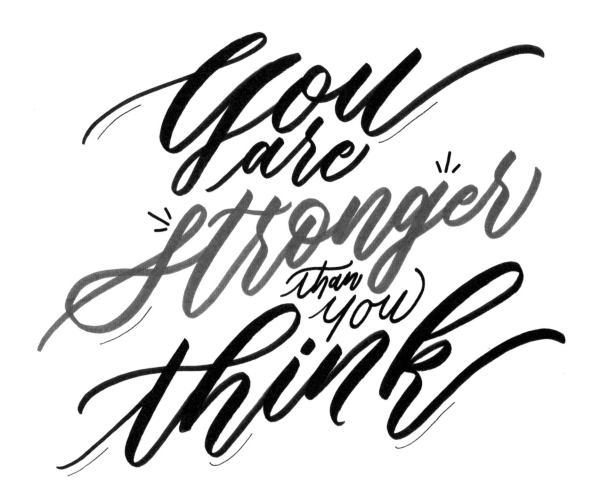

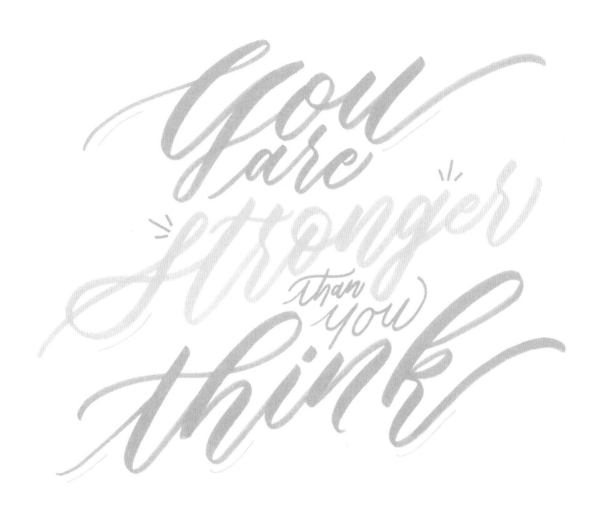

To love someone, You love yourself first 누군가를 사랑하려면 먼저 자신을 사랑해야 합니다

Happiness is only real when shared 행복은 나눌 때에만 현실이 된다

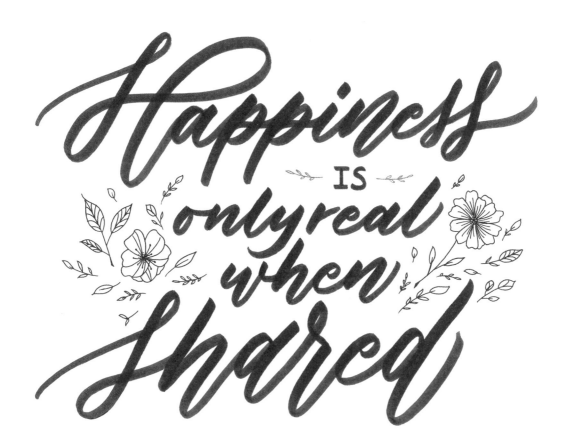

Happiness
IS
only real
when
shared

Life is a

in humility

It just a
bad day
not a
bad life

It just a
bad day
not a
bad life

플러리싱 더하기

플러리싱flourishing이란 알파벳에 허획(가짜 획)을 더해 화려하게 꾸미는 기법입니다. 플러리싱은 모두 곡선으로 이루어져 있으며 원형보다는 타원 형태로 써야 어색해지지 않습니다. 전체적인 균형이 중요하므로 글씨를 쓰기 전에 미리 스케치를 해두는 것이 좋습니다. 알파벳 사이사이의 공간을 적절히 활용하여 플러리싱을 적용하면 됩니다.

플러리싱 1: 위로 연결하는 경우

알파벳 b, d, f, h, k, l처럼 세로로 긴 형태의 알파벳을 플러리싱하는 방법입니다. 꼬임의 방향을 다르게 하여 써보세요. 알파벳과 허획이 살짝 겹쳐져야 자연스럽습니다.

획이 살짝 겹치게 해주세요.

플러리싱 2: 아래로 연결하는 경우

알파벳 g, j, p, y, z처럼 아래로 보울이 있는 알파벳을 플러리싱하는 방법입니다. 꼬임의 방향을 다르게 하여 써보세요.

플러리싱 3: 마지막 알파벳일 경우

단어의 마지막 알파벳은 다른 알파벳의 방해를 받지 않기 때문에 좀 더 자유롭게 표현할 수 있습니다.

플러리싱 4: 끊어지는 획이 있을 경우

알파벳 t처럼 끊어진 획이 더해지는 알파벳은 꼬임의 방향을 좌우로 변형할 수 있습니다.

Lovely

Forget

Happy day

Love you

Good for you

Hello spring

Thank you

입체 글씨 쓰는 방법

입체적인 느낌을 내기 위해 글씨에 그림자(음영)를 추가해볼게요. 검은색이나 회색뿐만 아니라 글씨를 쓴 펜의 색깔에 따라 조금씩 다르게 그림자를 그리면 훨씬 자연스럽고 예쁜 글씨를 쓸 수 있습니다. 짧은 단어를 순서대로 따라 써보고 문장에도 활용해보세요.

1. 회색 그림자 더하기

① 'hello'를 소문자로 써주세요.
② 밝은 회색 펜으로 획의 오른쪽 아랫부분에만 그림자를 그려주세요.
③ 알파벳 획 위로 왼쪽 방향에 흰색 펜으로 점을 2개 찍고 선을 그려주세요.

Love myself

2. 옅은 그림자 더하기

① 'love'를 소문자로 써주세요.
② 얇은 검은색 펜으로 글씨 테두리를 전체적으로 그려주세요.
③ 글씨 색보다 옅은 색깔의 펜으로 획의 오른쪽 아랫부분에만 그림자를 그려주세요.
④ 알파벳 획 위로 중간 부분에 흰색 펜으로 선을 그려주세요.

happy day

3. 두꺼운 그림자 더하기

① 'make'를 소문자로 써주세요.

② 얇은 검은색 펜으로 글씨 테두리를 전체적으로 그려주세요.

③ 같은 펜으로 획의 오른쪽 아랫부분에만 그림자를 그리고 안쪽에 짧은 선을 여러 개 그립니다.

④ 글씨 색과 대비가 되는 색깔의 펜으로 그림자 안쪽을 칠해주세요.

like you

4. 검은 그림자 더하기

① 'best'를 소문자로 써주세요.
② 얇은 검은색 펜으로 글씨 테두리를 전체적으로 그려주세요.
③ 같은 펜으로 획의 오른쪽 아랫부분에만 그림자를 그리고 안쪽을 칠해주세요.
④ 알파벳 획 위에 흰색 펜으로 점을 여러 개 찍고 선을 그려주세요.

good job

예쁜 글씨와 함께하는 일상

지금까지 배운 글씨를 활용해보세요. 손글씨의 매력은 다양하지만 그중에서도 글씨를 쓴 사람의 마음을 느낄 수 있다는 것이 가장 큰 매력인 것 같습니다. 내 마음을 다른 사람에게 전하고 싶을 때 카드를 쓰거나 손글씨 액자를 만들어서 선물해보세요. 받는 사람이 몇 배는 더 감동할 거예요. 남을 위해서가 아니라 자신을 위해 내 마음을 표현 하는 것도 좋아요. 다이어리에 좋아하는 문구, 명언을 적거나 공책 표 지를 손글씨로 꾸며 나만의 필사 노트로 만들어보세요. 《어린 왕자》 와 《빨강 머리 앤》의 감명깊은 문장도 실어 놓아놓았으니 천천히 따 라 써보세요.

카드로 마음 전하기

생일이나 크리스마스, 새해와 같은 기념일에 어울리는 문구를 직접 써서 카드를 만들어보세요. 줄글로 편지를 쓰기에는 조금 부담스러울 때 활용하기 좋습니다. 뒷면이 비치지 않는 두께감 있는 종이에 짧은 문장을 쓰고 포인트가 되는 작은 그림을 그려 꾸밀 수 있습니다.

나만의 네임택 만들기

네임택name tag에 원하는 문구를 써서 책갈피로 쓰거나 선물 포장을 할 때 리본 끈에 네임택을 걸어 사용해보세요. 먼저 색지를 원하는 모양으로 자르고 마커로 글씨를 씁니다. 네임택은 크기가 조금 작아야 예쁘고 활용도가 좋기 때문에 한두 개 단어만 들어갈 정도로 종이를 잘라주세요. 마지막으로 펀치로 작은 구멍을 내고 끈을 걸면 완성입니다.

취향대로 표지 꾸미기

요즘 다양한 디자인의 노트와 다이어리가 나오지만 내 취향에 딱 맞는 제품을 찾기는 쉽지 않습니다. 모양이 마음에 들면 색깔이 좀 아쉽고, 심플한 디자인이 좋지만 막상 보면 좀 허전한 느낌이 들기도 하지요. 이럴 땐 무지 노트를 구입해서 직접 꾸며보세요. 커버 재질에 따라 브러시 펜 혹은 마커를 활용해서 원하는 색깔, 문구, 그림을 넣어 단 하나뿐인 표지를 만들 수 있습니다.

인테리어용 액자 만들기

내 손글씨를 조금 더 근사하게 만들어줄 액자를 활용해보세요. 원하는 색상의 종이를 골라 글씨를 쓰고 액자에 끼워주면 완성입니다. 사진 대신 글씨가 있는 액자는 인테리어용으로 활용하기 좋아요. 집들이나 생일 선물로도 유용하답니다.

다양한 소품에 글씨 더하기

마커는 유리, 금속, 나무, 패브릭 등에도 잘 써집니다. 이 펜을 활용해서 다양한 소품을 꾸며볼게요. 집에서 키우는 식물이 있다면 화분에 식물 이름이나 애칭을 써보세요. 따로 팻말을 달지 않아도 포인트가 된답니다. 긴 유리컵에는 문장을 세로로 배치해서 적으면 좋아요. 광목 파우치에는 컬러가 있는 펜으로 글씨를 적으면 문구 숍에서 산 것 같은 느낌이 들어요. 테이크아웃 컵도 글씨 하나로 분위기가 달라질 수 있어요. 소품에 글씨를 더할 때는 무늬가 없는 제품을 사용해야 글씨가 더 돋보입니다.

앙투안 드 생텍쥐페리 《어린 왕자》 중에서

"It would have been better to return at the same time," the fox said. "For instance, if you come at four in the afternoon, I'll begin to be happy by three. The closer it gets to four, the happier I'll feel. By four I'll be all excited and worried. I'll discover what it costs to be happy! But if you come at any old time, I'll never know when I should prepare my heart... There must be rites."

"It would have been better to return at the same time," the fox said.
"For instance, if you come at four in the afternoon, I'll begin to be happy by three.
The closer it gets to four, the happier I'll feel. By four I'll be all excited and worried.
I'll discover what it costs to be happy! But if you come at any old time,
I'll never know When I should prepare my heart… There must be rites."

"같은 시간에 오면 좋을 텐데." 여우가 말했다.
"가령 네가 오후 4시에 온다면, 나는 3시부터 행복할 거야.
4시가 가까워질수록 점점 더 행복해지겠지. 4시가 되면 나는 안절부절못하고 초조할 거야.
행복의 대가가 무엇인지 알게 되는 거지! 네가 무턱대고 아무 때나 찾아오면
난 언제부터 마음의 준비를 해야 할지 알 수 없을 테니까… 의식이 필요해."

"It's the time you spent on your rose that makes your rose so important." "It's the time I spent on my rose...," the little prince repeated, in order to remember. "People have forgotten this truth," the fox said. "But you mustn't forget it. You become responsible forever for what you've tamed. You're responsible for your rose..." "I'm responsible for my rose...," the little prince repeated, in order to remember.

"It's the time you spent on your rose that makes your rose so important."

"It's the time I spent on my rose…" the little prince repeated, in order to remember.

"People have forgotten this truth," the fox said. "But you mustn't forget it.
You become responsible forever for what you've tamed. You're responsible for your rose…"

"I'm responsible for my rose…" the little prince repeated, in order to remember.

"네가 네 장미꽃을 그토록 소중하게 여기는 건 그 꽃을 위해 쓴 시간 때문이야."

"꽃을 위해 쓴 시간 때문이야…." 잊지 않으려고 어린 왕자는 중얼거렸다.

"사람들은 이 진실을 잊어버렸어. 하지만 넌 잊어버리면 안 돼.
네가 길들인 것은 영원히 책임을 져야 되는 거야. 너는 네 장미꽃에 대한 책임이 있어." 여우가 말했다.

"나는 내 장미꽃에 대한 책임이 있어…." 머리에 새겨두기 위해 어린 왕자는 다시 한번 되뇌었다.

"After all," Anne had said to Marilla once, "I believe the nicest and sweetest days are not those on which anything very splendid or wonderful or exciting happens but just those that bring simple little pleasures, following one another softly, like pearls slipping off a string."

"After all," Anne had said to Marilla once,
"I believe the nicest and sweetest days are not those on which anything very splendid or
wonderful or exciting happens but just those that bring simple little pleasures,
following one another softly, like pearls slipping off a string."

"결국에는," 앤은 마릴라에게 말했다.
"정말 근사하고 행복한 날은 멋지고 놀라운 일이 일어나는 날이 아니라
진주알이 하나하나 한 줄로 꿰어지듯이,
소박하고 사소한 기쁨들이 조용히 이어지는 날들인 것 같아요."

나도 손글씨 바르게 쓰면
소원이 없겠네

악필 교정부터 어른스러운 펜글씨까지
4주 완성 한글 정자체 연습법

유한빈(펜크래프트) 지음 | 160쪽 | 12,000원

나도 손그림 잘 그리면 소원이 없겠네

작은 그림부터 그림일기까지
4주 완성 일러스트 수업

심다은(오늘의다은) 지음 | 160쪽 | 13,800원

나도 글 좀 잘 쓰면 소원이 없겠네

글 한 줄 쓰기도 버거운 왕초보를 위한
4주 완성 기적의 글쓰기 훈련법

김봉석 지음 | 208쪽 | 14,800원

나도 손글씨 바르게 쓰면
소원이 없겠네 [핸디 워크북]

악필 교정부터 어른스러운 펜글씨까지
4주 완성 한글 정자체 연습법

유한빈(펜크래프트) 지음 | 160쪽 | 8,800원

나도 좀 가벼워지면 소원이 없겠네

라인과 통증을 한번에 잡는
4주 완성 스트레칭 수업

강하나 지음·양은주 감수 | 176쪽 | 13,800원

나도 초록 식물 잘 키우면 소원이
없겠네

선인장도 못 키우는 왕초보를 위한
4주 완성 가드닝 클래스

허성하(폭스더그린) 지음 | 216쪽 | 15,800원

나도 영문 손글씨 잘 쓰면
소원이 없겠네

알파벳 쓰기부터 캘리그라피까지
초보자를 위한 4주 클래스

윤정희(리제 캘리그라피) 지음 | 240쪽 | 16,800원